MW01152234

Plants

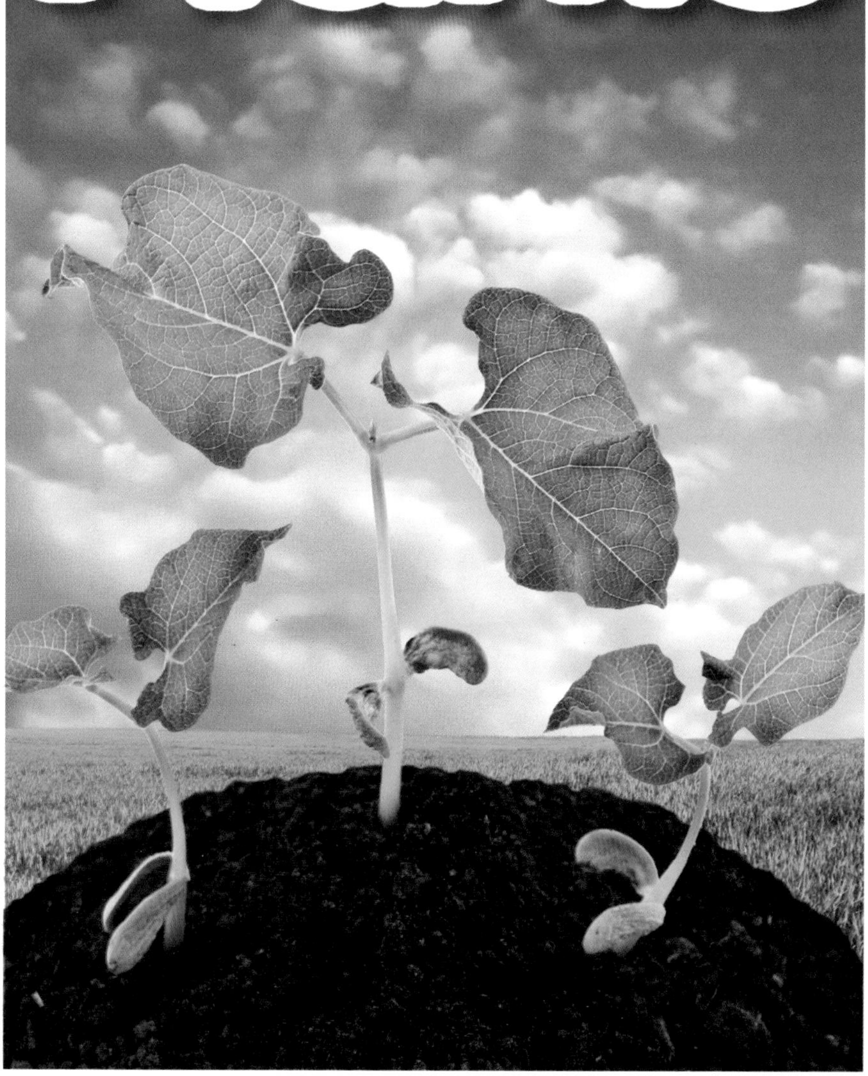

Stephanie Reid

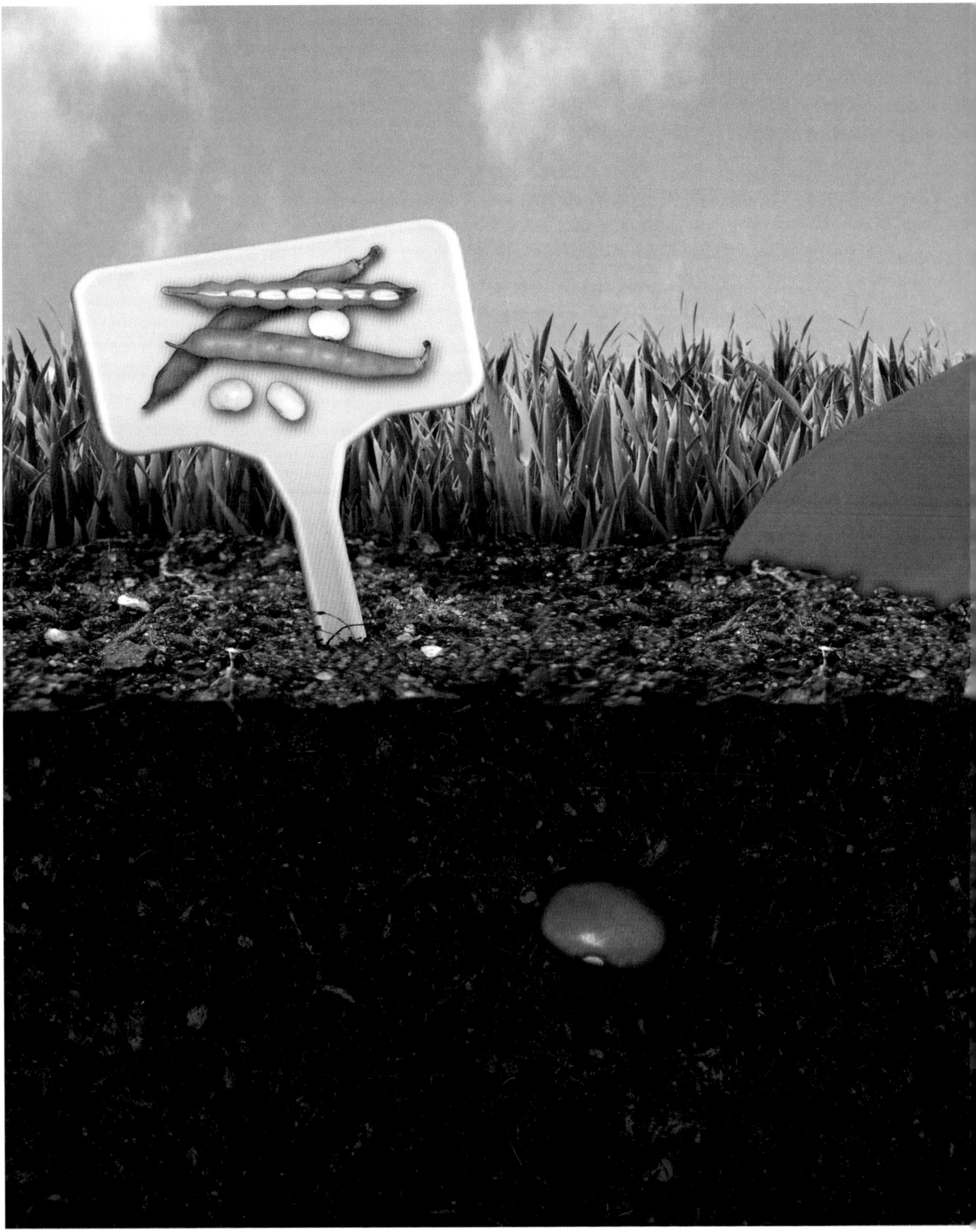

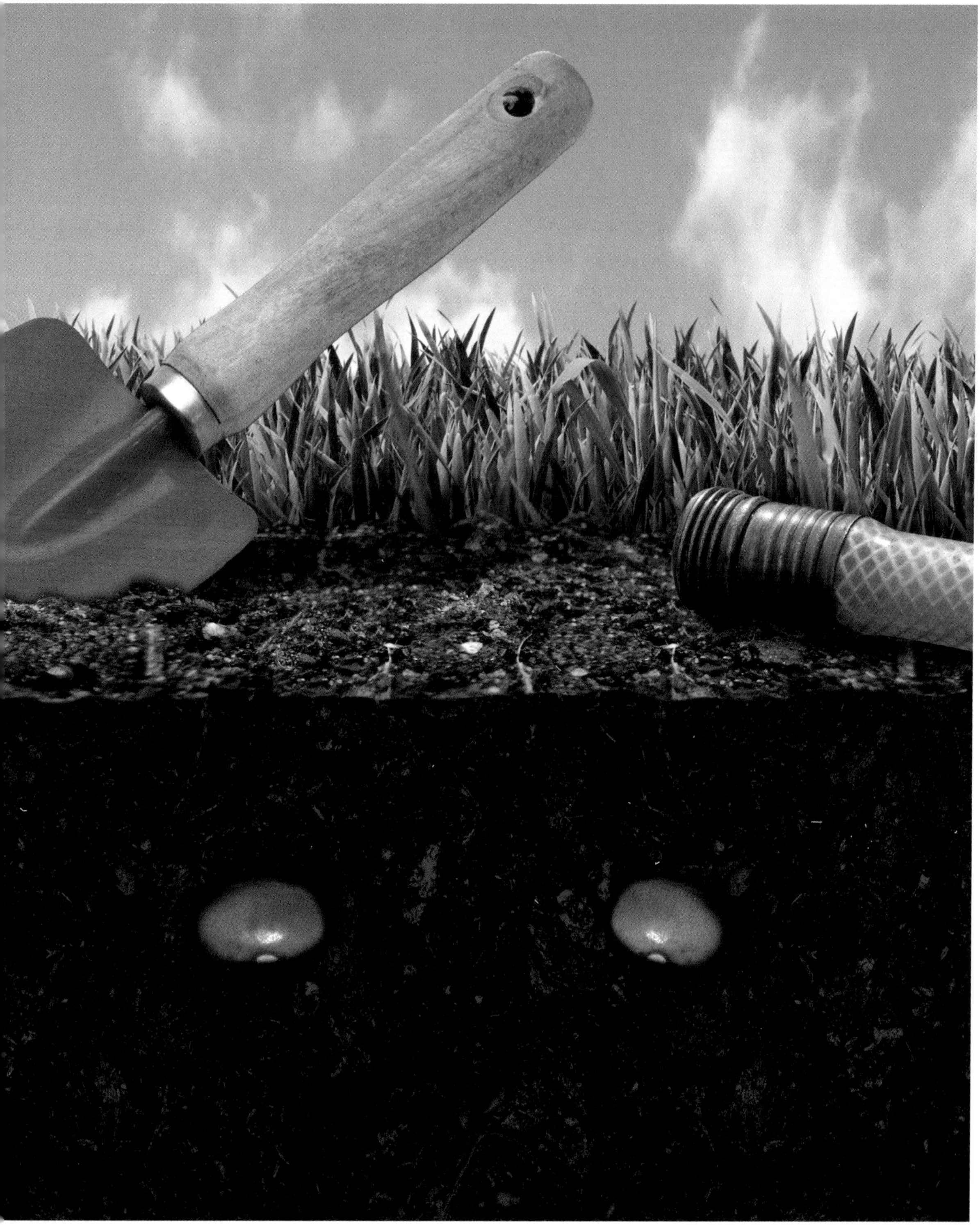

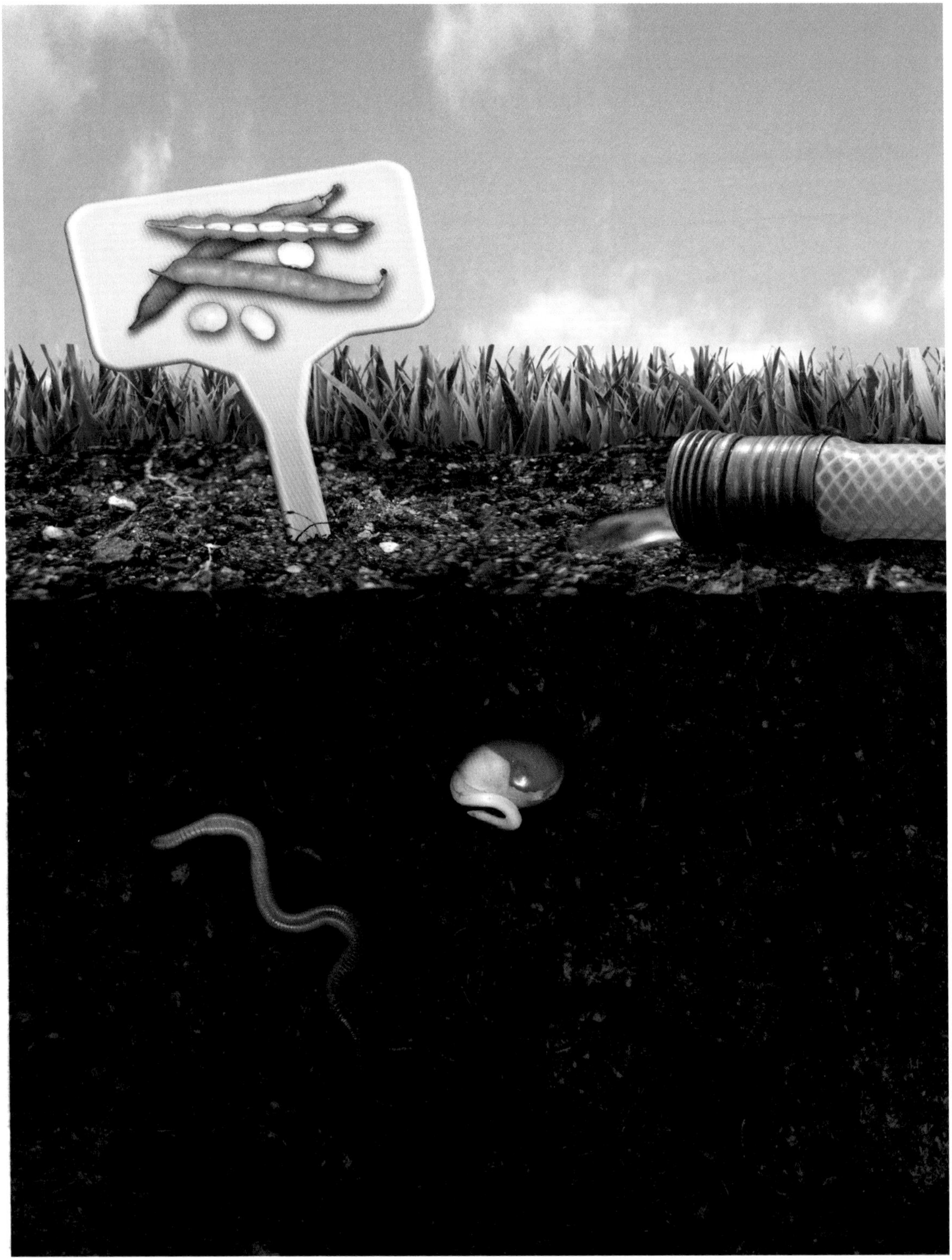

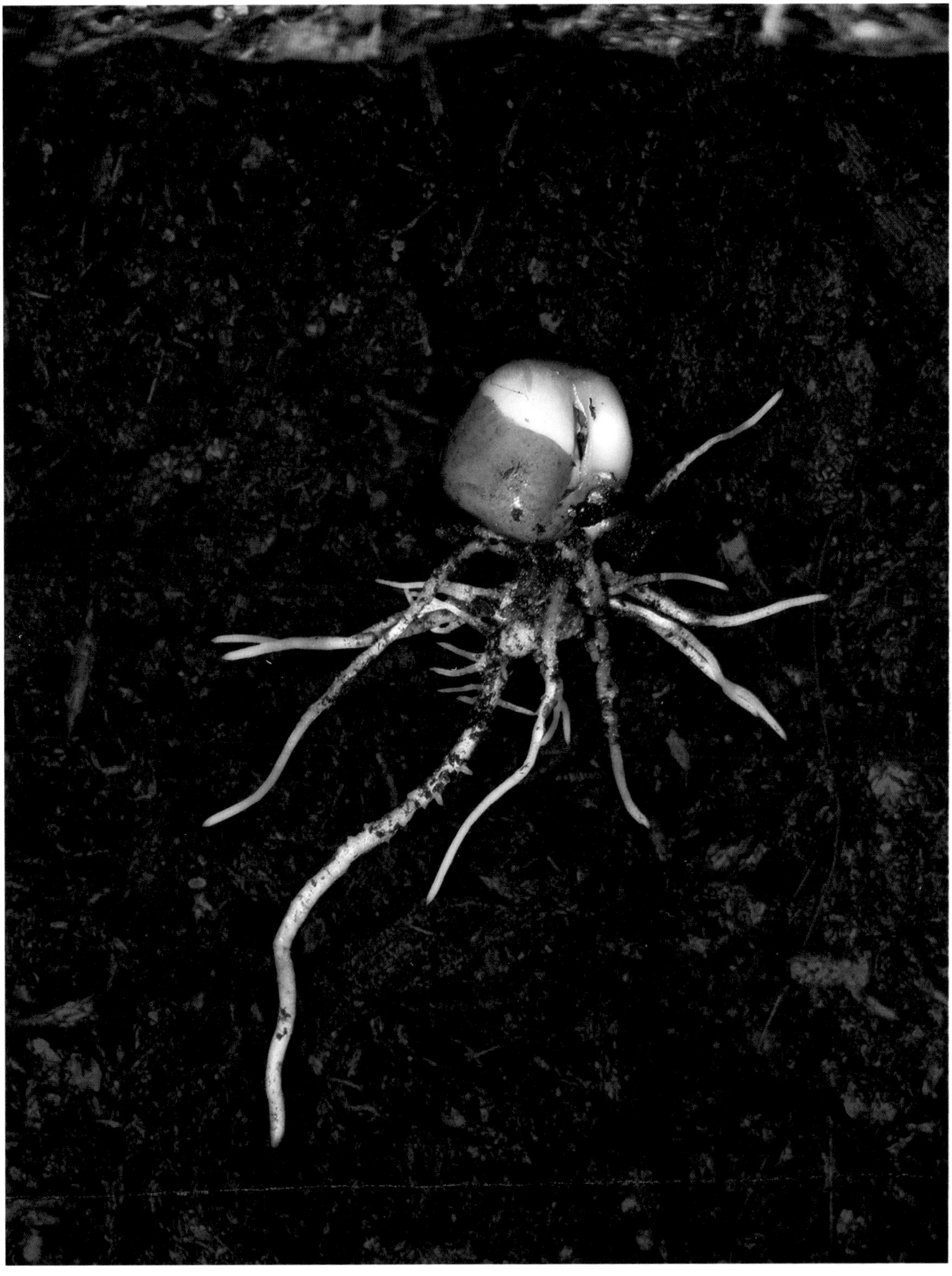

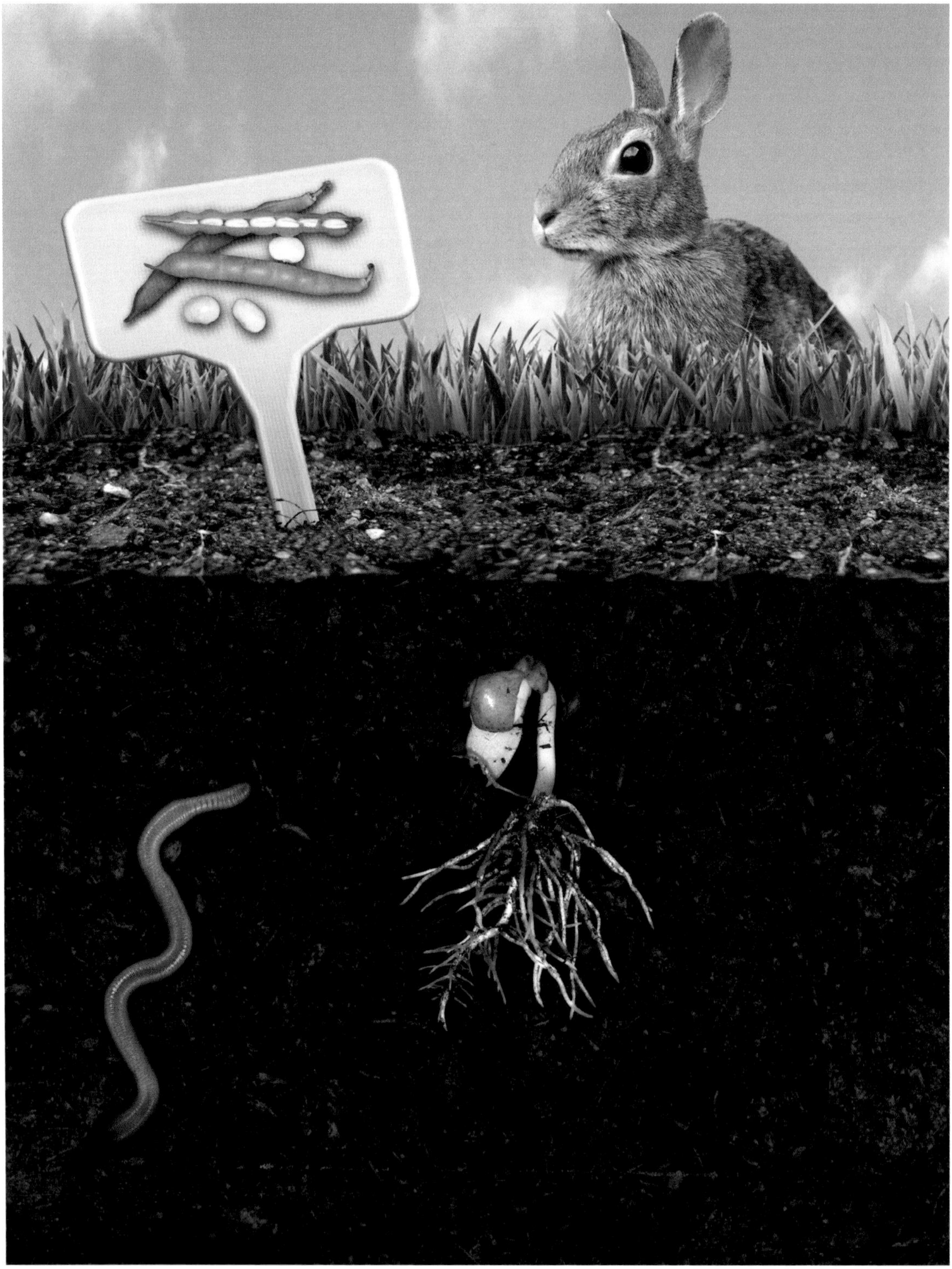

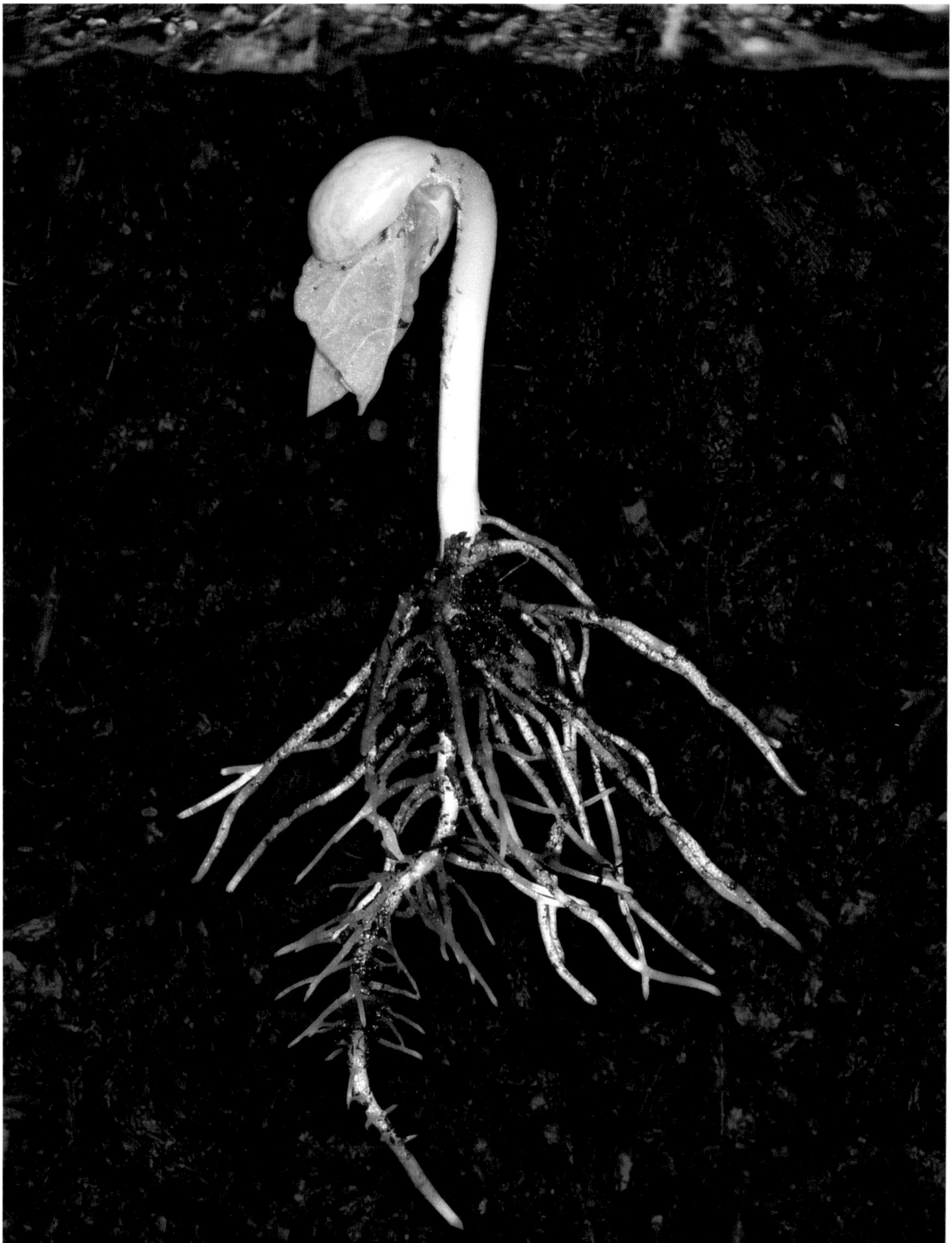

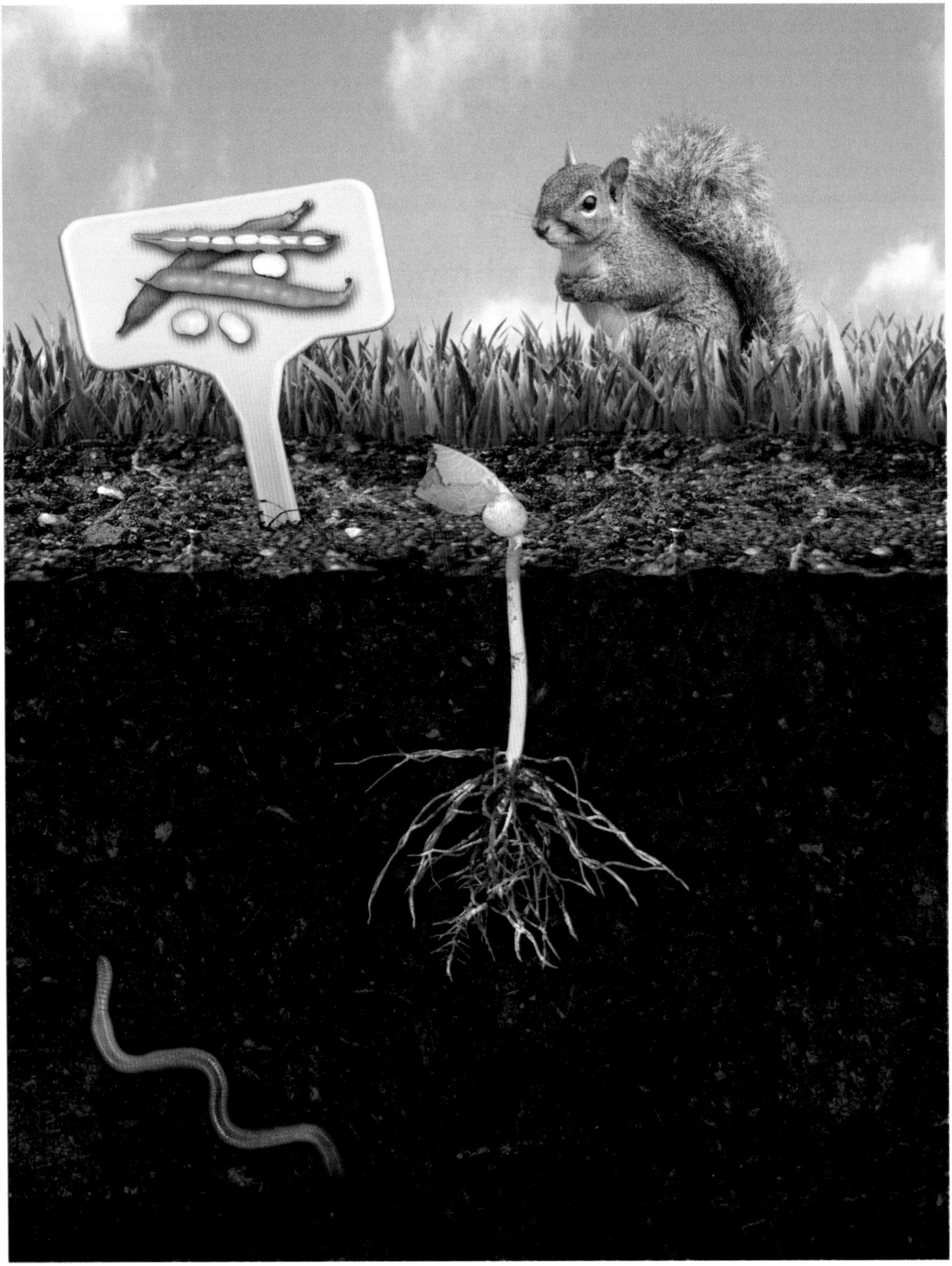

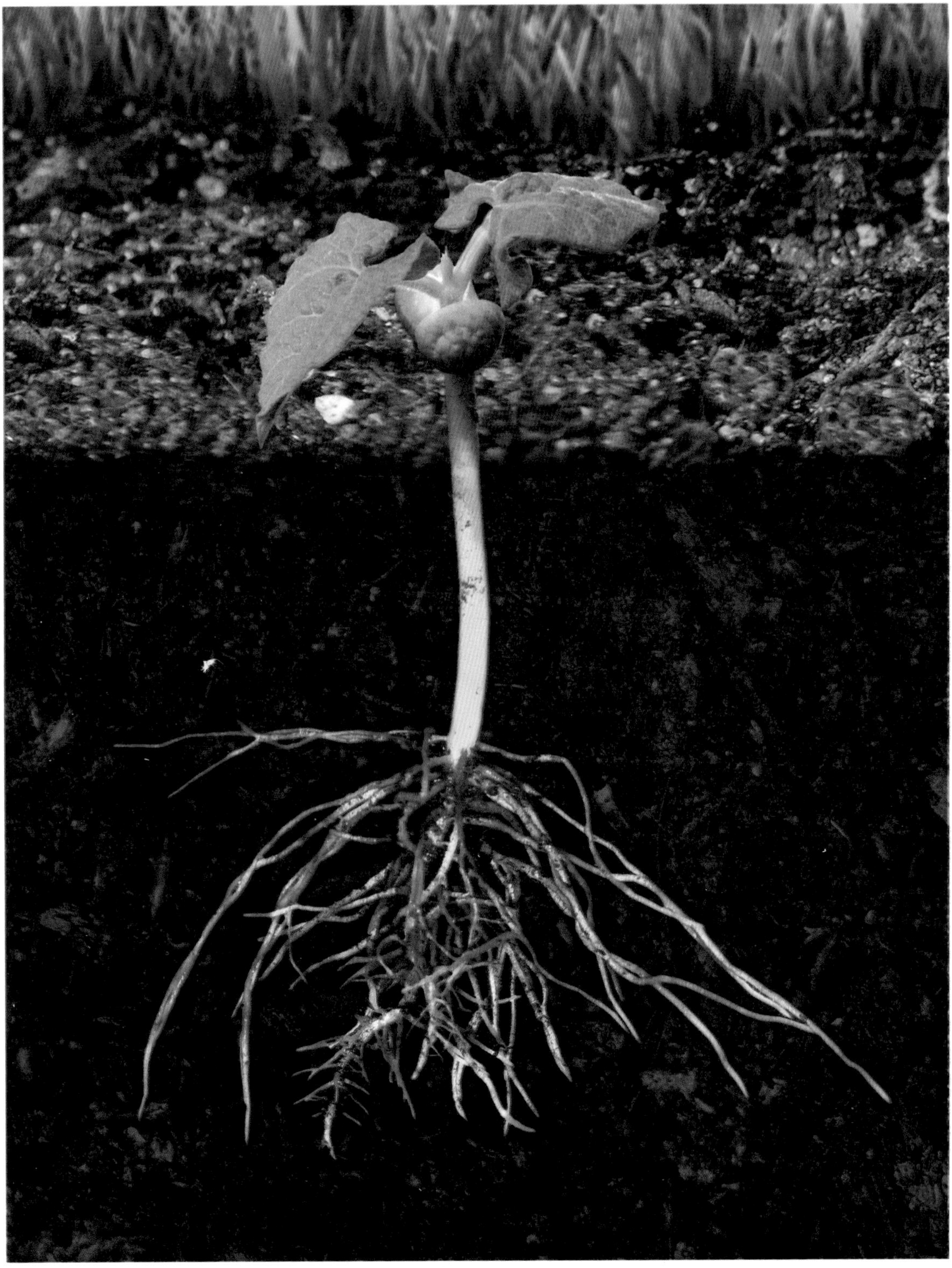

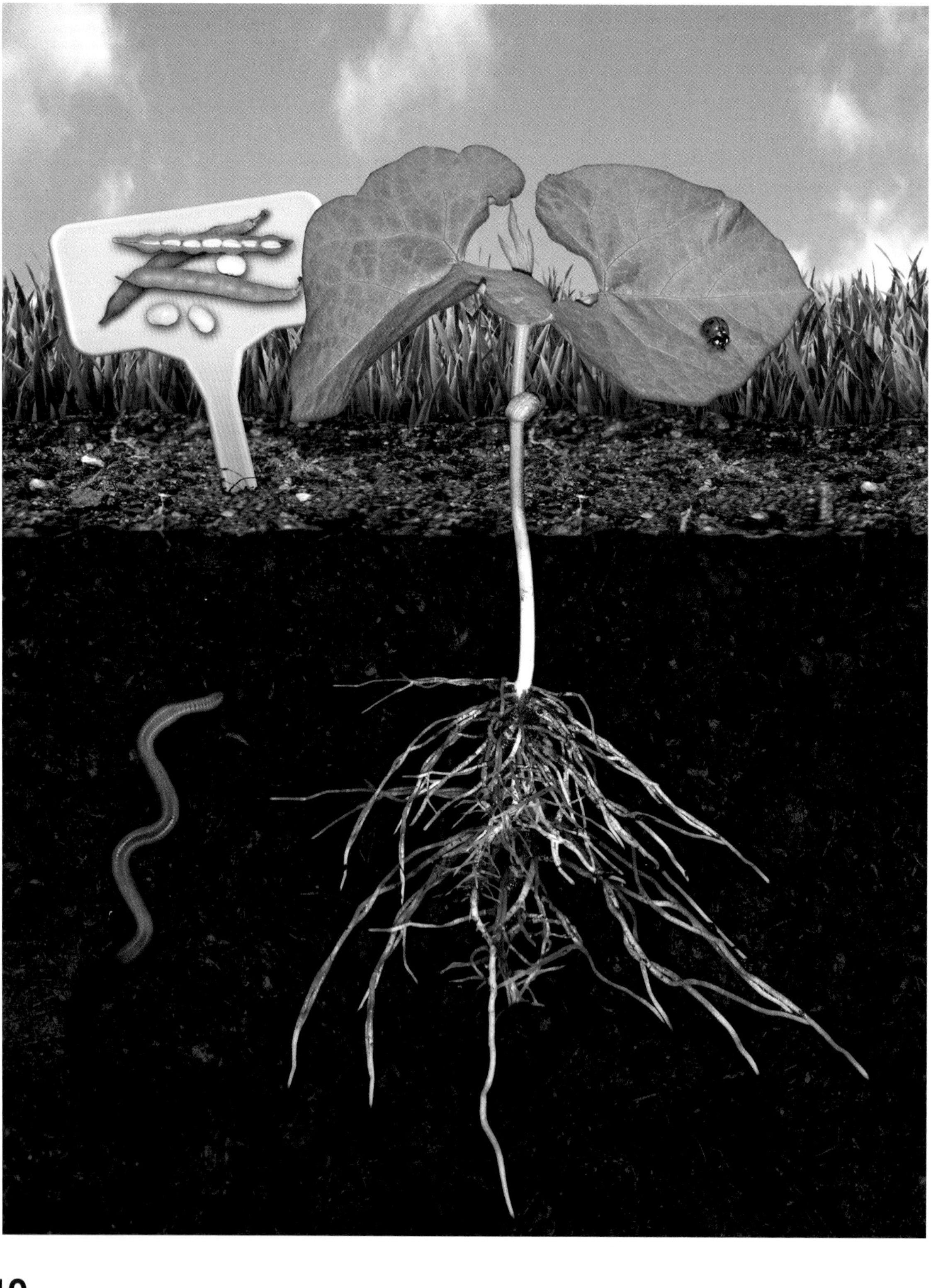

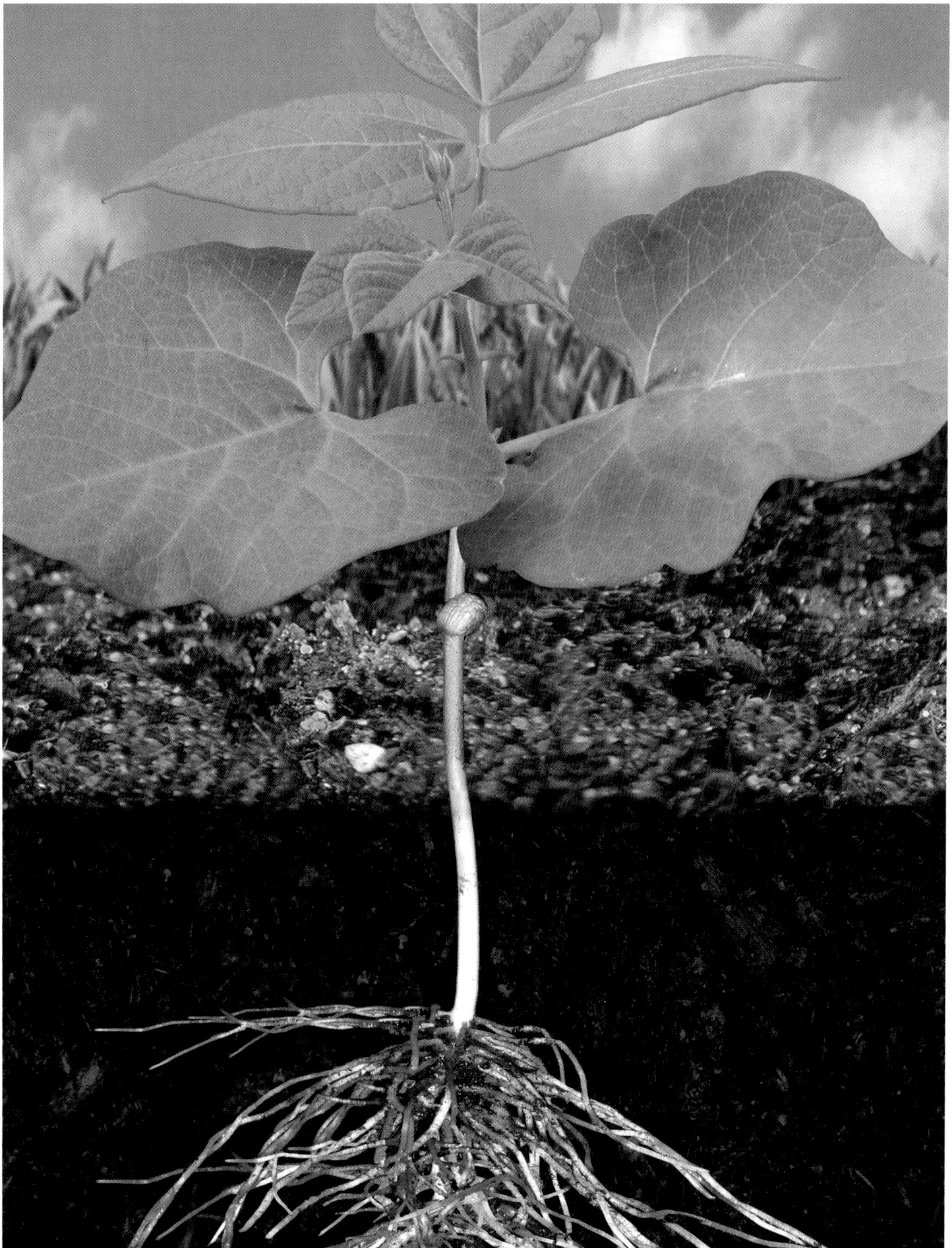

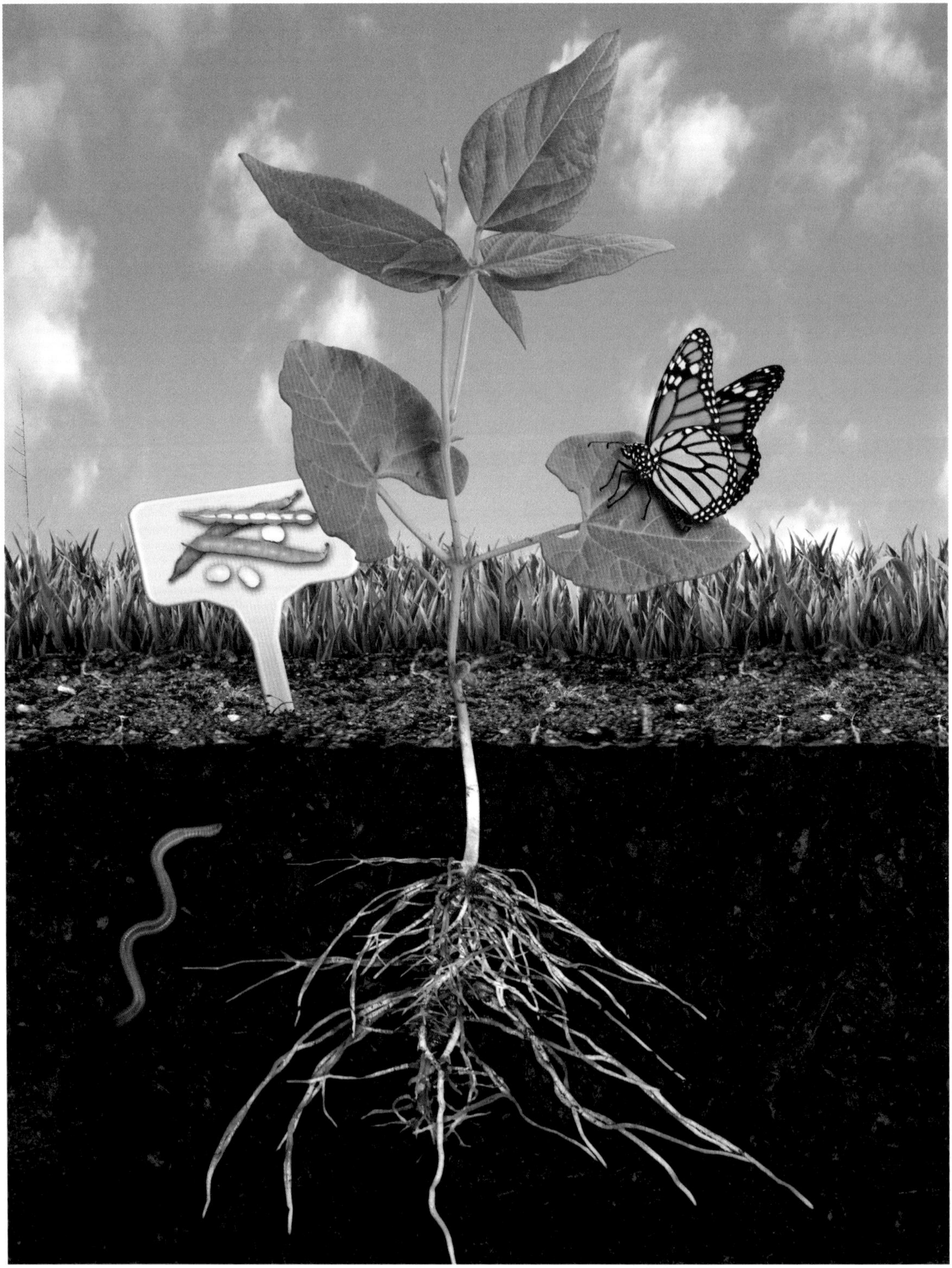

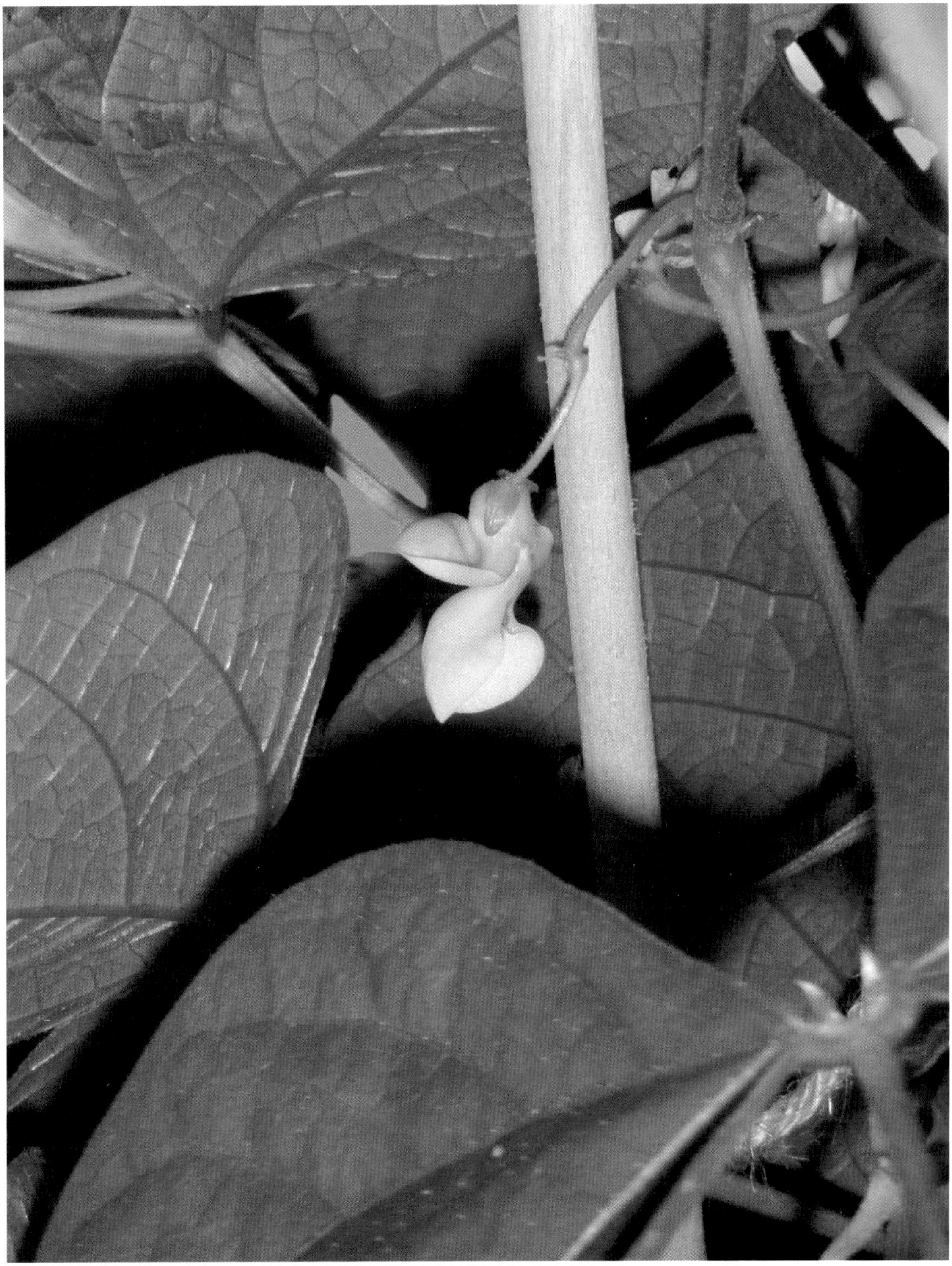

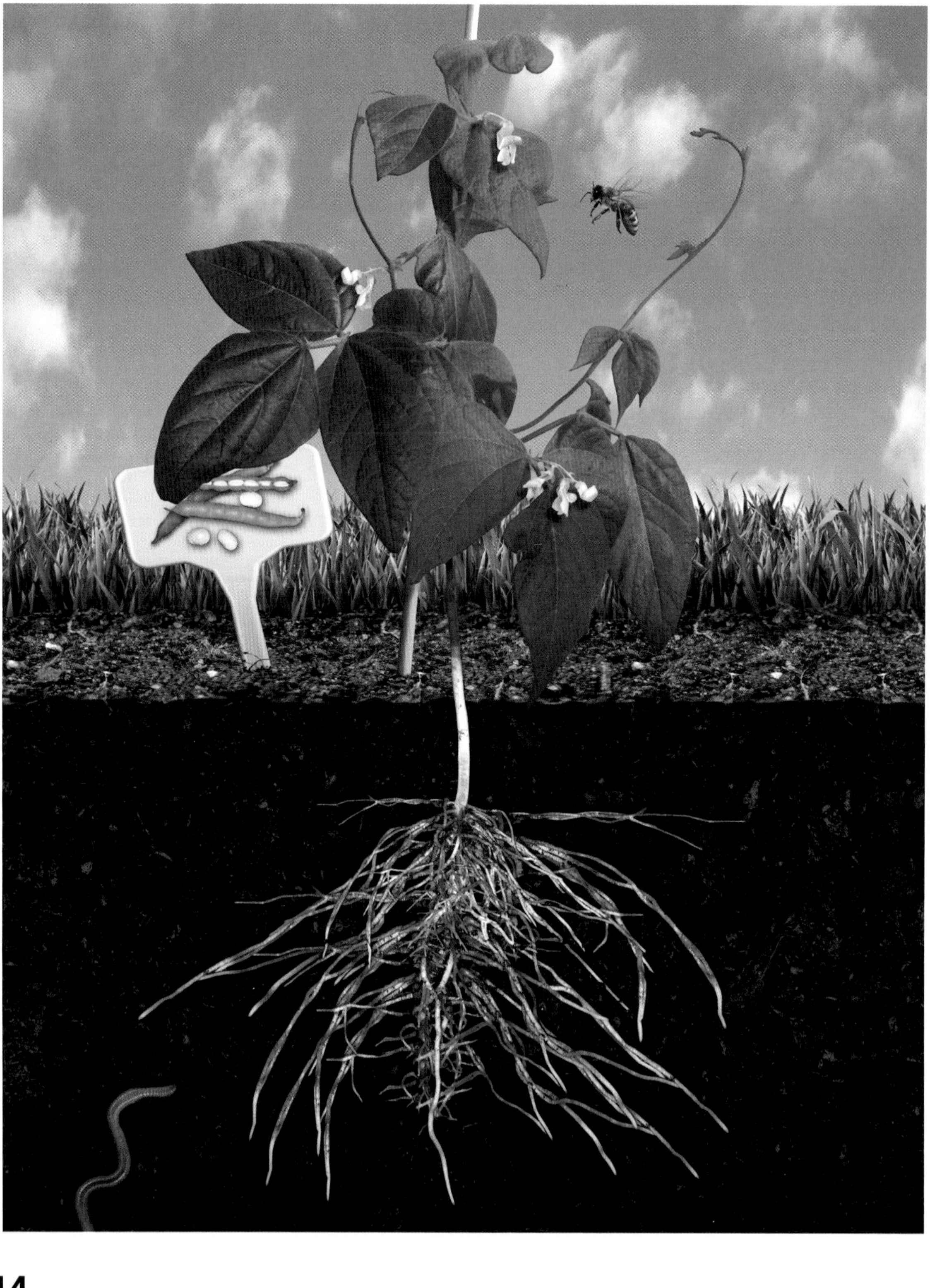

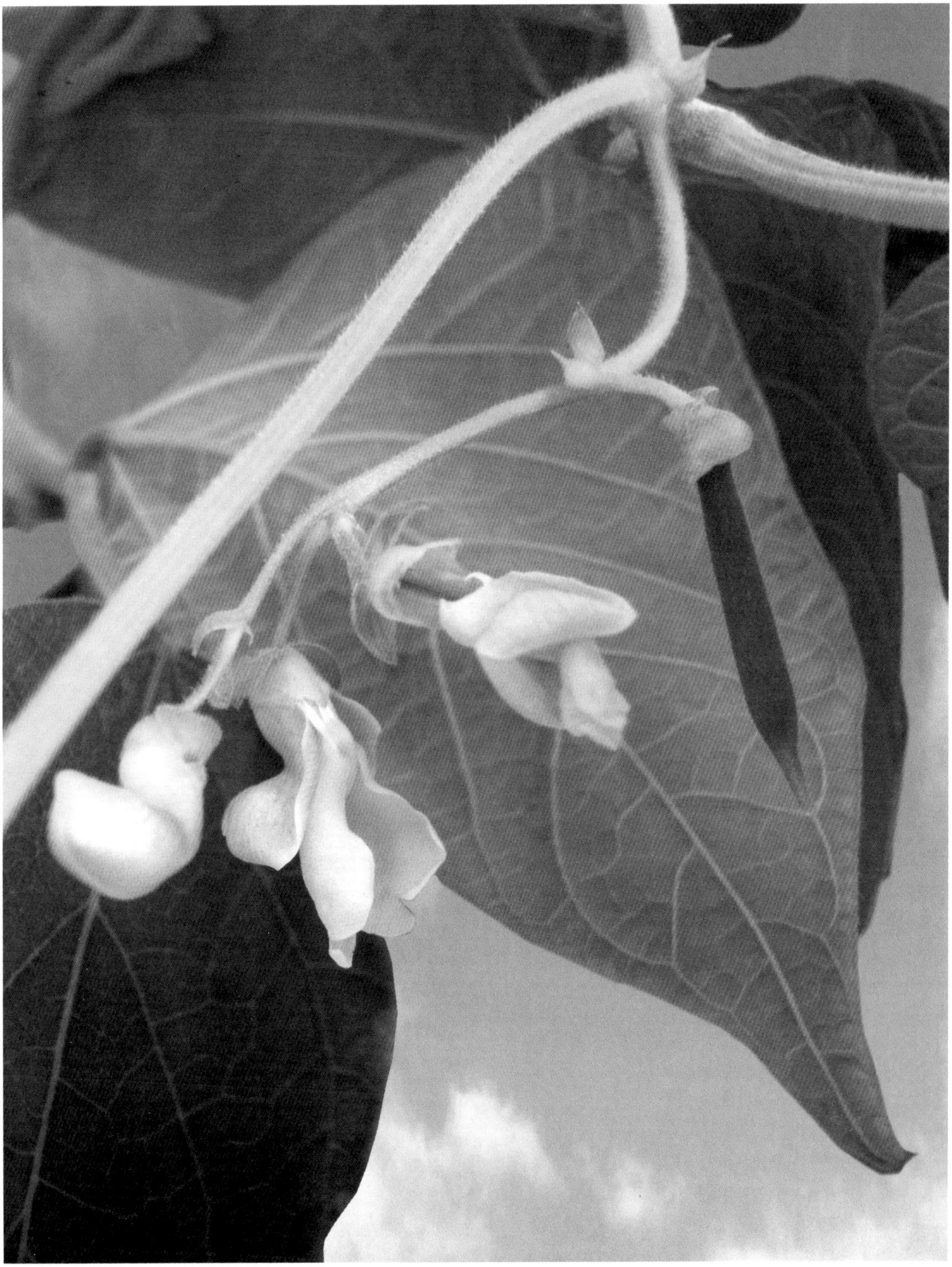

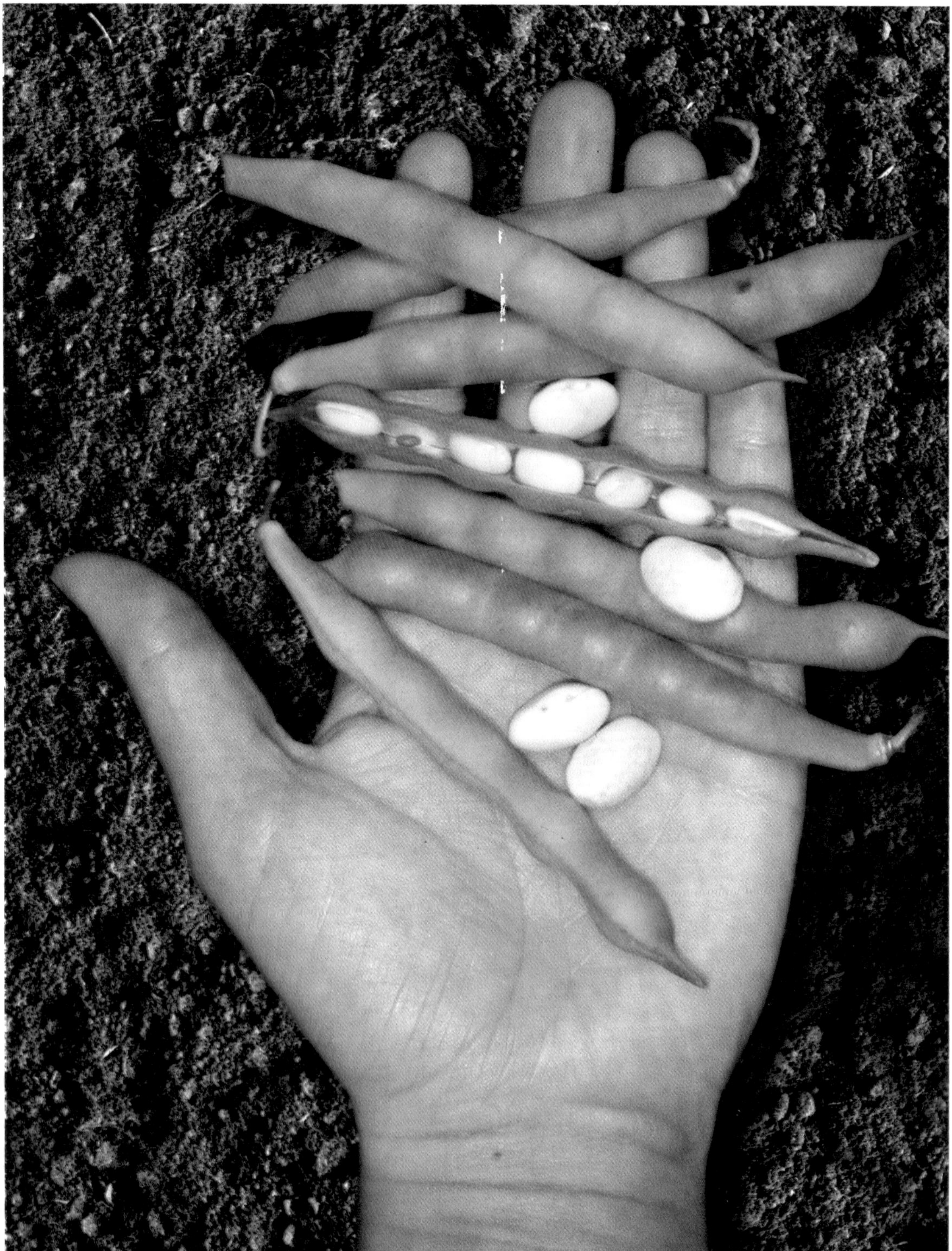